Gestion & Marketing I numéro 9

LA PYRAMIDE DES BESOINS DE MASLOW

Pourquoi faut-il comprendre les besoins du client ?

par Pierre Pichère

50MINUTES

Avec la collaboration d'Anne-Christine Cadiat

LA PYRAMIDE DES BESOINS

DONNÉES-CLÉS

- **Dénominations ?** Pyramide des besoins, pyramide de Maslow
- **Usages ?** En psychologie et en sciences sociales pour catégoriser et hiérarchiser les besoins de l'individu, en marketing ainsi qu'en management
- **Raison de son efficacité ?** Vision dynamique des besoins, couvrant le domaine physiologique autant que le domaine spirituel
- **Mots-clés ?** Psychologie, besoin, Maslow, pyramide

INTRODUCTION

La raison d'être de la science économique est l'affectation de ressources limitées en fonction des besoins illimités des individus, de leurs motivations et de leurs attentes. Mais comment définir les besoins ? C'est la tâche à laquelle s'attache la pyramide développée par le psychologue américain Abraham Harold Maslow (1908-1970).

Historique

À partir des années quarante, il initie en effet, avec le psychopédagogue Carl Rogers (1902-1987), une nouvelle approche de la psychologie dite humaniste. Au cours de ses travaux, Maslow étudie la structure des besoins humains. Ses lecteurs et disciples ont par la suite formalisé ses thèses sous la forme d'une pyramide.

Cinq niveaux de besoins sont ainsi identifiés :

- les besoins physiologiques ;
- les besoins de sécurité ;

- les besoins de reconnaissance ;
- les besoins d'estime ;
- les besoins d'accomplissement.

À chacune de ces catégories correspondent des activités humaines. Ce modèle a été largement utilisé en science économique, mais aussi dans l'univers de l'entreprise, en particulier dans le marketing et le management. Nous verrons à la fin de cette étude comment un secteur économique s'empare de l'ensemble du modèle à travers l'exemple de l'industrie agroalimentaire.

Définition du modèle

La pyramide des besoins, également appelée la pyramide de Maslow, propose un modèle de définition des besoins de l'être humain, depuis les fonctions les plus élémentaires (manger, dormir, etc.) jusqu'aux plus abouties (se cultiver, pratiquer un art ou un sport, etc.). Si Maslow était psychologue, son modèle, résumé en une pyramide, a été utilisé en économie et dans le monde de l'entreprise. Il propose un moyen simple et efficace de distinguer les différents besoins à condition de considérer un mouvement d'ensemble et non des étages successifs.

THÉORIE – PRÉSENTATION DU CONCEPT

La microéconomie s'intéresse tout naturellement aux conditions qui débouchent sur l'échange marchand. La pyramide de Maslow se situe en amont de ce raisonnement, à la genèse de la demande : les besoins.

LES CINQ DEGRÉS DE BESOINS

Étage par étage, Maslow rassemble les différents besoins humains. Il n'évoque pas directement une forme pyramidale, mais une hiérarchie de prépondérance : dès qu'une famille est satisfaite, d'autres besoins émergent immédiatement. Puisque la pyramide de Maslow a marqué de multiples domaines, notamment celui du développement personnel, il convient de revenir aux termes employés par l'auteur lui-même, afin de bien saisir l'essence du concept.

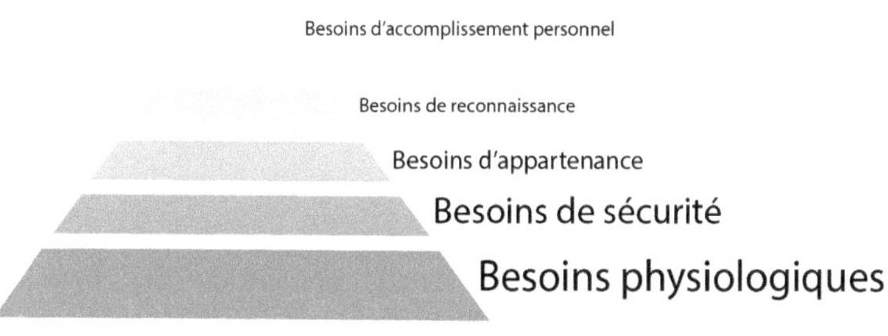

La pyramide des besoins de Maslow

- Les **besoins physiologiques** constituent le premier niveau. Manger, boire, dormir, respirer, etc., sont autant de fonctions liées à la survie individuelle. Puisque ces besoins primaires sont vitaux, il est évident qu'ils sont les plus importants de tous : ils surpassent donc largement les besoins de sécurité, d'estime, etc.

- Viennent ensuite les **besoins de sécurité**. Si l'intégrité physique s'impose spontanément à l'esprit, cette catégorie ne se résume pas à cet unique aspect – la protection contre le vol et la détérioration relevant aussi de cette famille de besoins. Maslow souligne que les besoins de sécurité conduisent les individus à préférer ce qui leur est familier à l'inconnu.
- Lorsque ces deux types de besoins sont satisfaits, ceux qui sont liés à l'amour, à l'affection ou aux relations sociales, c'est-à-dire les **besoins d'appartenance**, commencent à se faire ressentir. Cette troisième famille de besoins tient compte de la nature sociale de l'être humain.
- Elle conduit au quatrième étage de la pyramide, occupé par les **besoins d'estime ou de reconnaissance**. Cet ensemble reprend les besoins en rapport avec le statut, l'emploi, le pouvoir et l'argent qui nous définissent dans la société.
- Enfin, au sommet de la pyramide, trônent les **besoins d'accomplissement personnel**. Alors que les besoins de l'étage inférieur dépendent du regard des autres, ceux que nous retrouvons ici sont liés au développement de la personnalité de l'individu. Selon Maslow, ces besoins peuvent prendre n'importe quelle forme pourvu qu'ils soient conformes aux désirs individuels des personnes. Autrement dit, puisque je désire être (par exemple un médecin), un besoin lié à la réalisation de mon être (tel que la nécessité de connaître le fonctionnement du corps humain) apparaît automatiquement.

Dans la théorie de Maslow, il convient d'assouvir les besoins d'un étage pour atteindre le palier suivant. En effet, craint-on pour la sécurité de ses biens lorsque l'on n'a rien à manger ? Se soucie-t-on de l'amour de ses semblables au milieu d'une horde de pillards ? Recherche-t-on l'estime des autres si l'on n'est pas intégré dans un groupe social ? Enfin, comment s'accomplir sans une bonne estime de soi ? Il s'agit donc d'un modèle dynamique et non d'une présentation strictement hiérarchique.

Maslow met en perspective le développement de l'individu, partant du principe que ce dernier recherche toujours une relative qualité de vie. En réalité, les besoins ne se manifestent pas de la même façon chez tout le monde et ceux-ci varient également dans le temps. Bien plus, d'autres types de besoins peuvent émerger avec plus ou moins d'ampleur selon les êtres et les circonstances et coexister avec ceux représentés dans la pyramide.

LES BESOINS : DE L'ÉCONOMIE AU MARKETING

Par rapport aux nombreux besoins liés aux relations humaines et à l'homme, les besoins de disponibilité de moyens paraissent très limités. Pourtant, le raisonnement économique s'intéresse davantage à l'utilité – c'est-à-dire à la fonction d'une unité supplémentaire d'un bien pour le consommateur – qu'au besoin sans hiérarchiser pour autant les biens entre eux.

L'analyse du besoin intéresse davantage le marketing et le management. C'est au niveau de l'entreprise et de son positionnement sur le marché que les besoins sont les plus étudiés. S'il est vrai que les psychologues s'accordent à dire que les besoins existentiels ou fondamentaux sont relativement limités, il y a toujours un besoin – qu'il soit perçu comme un manque ou comme un désir – à l'origine de l'achat par le consommateur.

Les marketers en sont conscients et n'hésitent pas à se référer à la fameuse pyramide de Maslow. Situer un bien ou un service dans cette pyramide conduit à envisager et à développer des stratégies de lancement parfois très différentes les unes des autres. Ainsi, on ne commercialise pas un aliment de base comme un produit de haute technologie. Il n'est pas exclu non plus qu'un même produit ou service puisse satisfaire des besoins de différents niveaux ; il conviendra alors d'adapter le message en fonction des clients que l'on veut toucher.

LIMITES DU MODÈLE ET EXTENSIONS

LIMITES ET CRITIQUES DU MODÈLE

Comme toutes les thèses devenues classiques en sciences sociales, la pyramide des besoins fait l'objet d'une lecture critique. Plusieurs faiblesses du modèle sont soulignées, parfois dans des directions contradictoires :

- **le manque de nuance dans la hiérarchisation des besoins**, certaines fonctions naturelles étant plus pressantes que d'autres. Si l'on peut s'abstenir de manger pendant plusieurs jours, l'on ne peut tenir que quelques minutes sans respirer ;
- **la hiérarchisation contestable**, qui ne tient pas compte du fait que l'homme est un être social. Le besoin de s'alimenter prime-t-il réellement sur celui d'entretenir des relations humaines ou de se cultiver ? Sans nourriture, un individu ne peut survivre. Mais sans interactions suffisantes avec ses semblables, son âme dépérit, et il est entraîné dans la folie, voire poussé au suicide ;
- **l'ethnocentrisme du modèle**, car toutes les études ont été conduites sur des populations occidentales, impliquant une approche réalisée uniquement à partir des civilisations à la fois chrétiennes et globalement aisées.

À l'exception de cette dernière remarque, les critiques liées à l'insuffisance ou à l'excès de hiérarchisation s'adressent davantage aux usages développés à partir de la théorie de Maslow qu'à la thèse en elle-même. En effet, la forme pyramidale n'apparaît pas dans l'œuvre du psychologue, et masque le mouvement dynamique qu'il envisageait lui-même entre les différents besoins.

L'utilisation marginale au sein des services publics

Parlante, la pyramide de Maslow reste toutefois d'un usage assez limité en économie. Impossible en effet d'en tirer une quelconque analyse pour la définition des prix en fonction du niveau de besoin. La demande tient davantage à l'utilité marginale d'un bien (comme l'ont démontré les économistes Léon Walras (1834-1910), William Stanley Jevons (1835-1882) et Carl Menger (1840-1921) au XIXe siècle), c'est-à-dire à la satisfaction qu'une unité supplémentaire apporte, qu'à son niveau dans la pyramide de Maslow.

Rappelons que la pyramide de Maslow n'est pas une classification de l'ensemble des besoins et des désirs des agents économiques, mais un modèle en cinq étapes de l'épanouissement humain. Cette pyramide, ainsi examinée, peut servir d'appui aux interventions des acteurs publics dans l'économie : réguler la production alimentaire et protéger la qualité de l'air (besoins physiologiques), faire respecter l'ordre et la loi (besoin de sécurité), assurer la socialisation des enfants notamment (besoin d'amour et d'appartenance) via l'école se justifient dès lors. Il est sans doute plus difficile d'envisager une réponse aux deux étages occupant le sommet de la pyramide. L'audiovisuel public, l'enseignement supérieur, les investissements dans la culture peuvent néanmoins être compris comme des réponses collectives au besoin d'accomplissement de soi et de la personne humaine.

EXTENSIONS ET MODÈLES CONNEXES

Grille de Virginia Henderson

D'autres modèles ont été proposés, notamment la grille de Virginia Henderson (infirmière américaine, 1897-1996) qui identifie 14 besoins présentés dans une grille très utilisée dans le monde médical. Néanmoins, l'apport de cette nouvelle approche n'est pas évident.

Toutes les catégories identifiées rentrent dans les cinq grandes familles de Maslow. Aussi, si les limites du modèle de ce dernier sont immédiatement perceptibles, il est difficile de légitimer cette nouvelle classification.

Modèle ERG

En 1969, le psychologue américain Clayton Alderfer (né en 1940) présente le modèle ERG, qui est en réalité une version concentrée de la pyramide de Maslow. Des cinq étages, il n'en subsiste plus que trois : les besoins d'existence (se nourrir, se vêtir, vivre en sécurité, etc.), les besoins de relation et les besoins d'élévation (créativité, sens de la vie, estime de soi, etc.). On appelle ce modèle ERG en référence aux trois familles identifiées : *existence*, *relatednes* (fait d'être lié à d'autres individus), *growth* (développement). Alderfer ne se contente pas de redécouper les catégories de Maslow. Pour lui, l'individu doit satisfaire ces besoins simultanément, et non l'un après l'autre en montant les étages de la pyramide. Des besoins d'élévation non satisfaits auront une incidence sur le comportement avec autrui, et sans doute aussi sur le sommeil ou l'alimentation. Pour le psychologue, la dynamique des besoins est donc plus globale que pour Maslow. Son modèle a surtout été retenu dans les domaines du management et de la psychologie du travail.

MISE EN PRATIQUE DU CONCEPT

C'est, nous l'avons vu, dans le domaine du marketing que la pyramide de Maslow trouve son application la plus concrète en matière économique. Rien de surprenant d'ailleurs à ce que le marketing sollicite davantage des modèles issus de la psychologie, tant cette discipline repose sur la compréhension et l'anticipation des comportements du consommateur.

LES PRODUITS ET LES BESOINS

Plutôt que de s'en tenir à la catégorisation de chaque produit ou service dans un étage de la pyramide, mieux vaut chercher pour chaque opération à répondre au maximum de cases.

Un produit, un besoin

L'application la plus élémentaire consiste à identifier l'étage de la pyramide dans laquelle se situe le produit ou le service que l'on commercialise : l'alimentaire et l'hygiène de base entrent dans la première case, les produits culturels dans la dernière. Cette classification paraît extrêmement rudimentaire, mais elle conserve l'évidence du bon sens. L'organisation des rayons de supermarché en témoigne, avec ses univers propres à chaque grande famille.

Les produits les plus élémentaires s'inscrivent souvent dans cette démarche. C'est particulièrement vrai pour les aliments de base. Le paquet de pâtes ou le filet de pommes de terre premier prix ne couvrent que le premier étage de la pyramide : ils ont pour but de nourrir. Mais cette stratégie se suffit rarement à elle-même.

Rappelons que la pyramide de Maslow est une dynamique, et qu'un bon lancement de produit ou de service doit parier sur un maximum de niveaux de besoins.

Le marketing au fil de la pyramide

L'élaboration d'une offre à destination des consommateurs a tout à gagner à s'intéresser à l'ensemble des degrés de la pyramide.

Pour bien appréhender cette théorie, il faut définir les besoins dans le contexte contemporain. De nouvelles fonctions – qui n'existaient pas ou du moins pas à ce degré à l'époque de Maslow (XXe siècle) – sont apparues dans la société. Par exemple, si on se déplaçait dans les années cinquante, on n'allait ni aussi vite et ni aussi loin qu'aujourd'hui : les familles étaient moins éloignées, le domicile jouxtait plus souvent le lieu de travail. À l'exception des grands voyages d'agrément, on peut considérer le besoin de se déplacer quasiment comme un besoin physiologique, qui permet de gagner sa vie en allant travailler ou d'entretenir ses relations affectives en rendant visite à ses proches.

La voiture constitue ainsi un très bon exemple de stratégie qui évolue au sein de la pyramide. Les modèles les moins coûteux se limitent aux fonctionnalités élémentaires, tandis que les plus onéreux associent le prestige et le confort. Dans tous les cas, ce type de produit fait appel à plusieurs niveaux de la pyramide : le besoin physiologique de se déplacer, l'aspiration à la sécurité prédominante sur des véhicules reconnus comme peu fiables, l'appartenance à la communauté des conducteurs de telle ou telle marque qui renvoie une image assez connue de l'opinion, et pour les modèles les plus avancés, la satisfaction de posséder un bien coûteux et luxueux.

Le marketing tente dès lors d'établir une stratégie pour satisfaire les étages supérieurs de la pyramide avec des produits qui semblent à priori répondre surtout au premier niveau de besoins. Il assurera également la fonction inverse, quoiqu'elle soit un peu plus délicate. Lorsqu'un produit ou un service est tourné vers l'estime de soi ou l'épanouissement de sa personnalité, une marque pourra s'attacher à souligner les aspects physiologiques ou sécuritaires de l'acte d'achat pour inciter le plus grand nombre à consommer son produit. Pensons ainsi aux cosmétiques, dont le discours de marque oscille entre la beauté resplendissante (entre le quatrième et le cinquième niveau de la pyramide, donc) et le soin apporté à soi-même, l'entretien de sa peau et de son corps, son propre devenir, renvoyant davantage aux besoins physiologiques et de sécurité.

Le marketing et les besoins d'amour et d'appartenance

Que dire du troisième niveau de la pyramide ? Il paraît impensable d'imaginer des produits qui comblent le besoin d'amour. Maslow range dans cette catégorie non seulement les liens d'amitié ou d'amour, difficiles à assouvir par le marché (encore que le succès des sites de rencontre montre qu'il existe une place pour des intermédiaires en la matière), mais aussi l'appartenance à un groupe social.

Depuis longtemps, le marketing joue sur le prestige d'un produit pour inciter le consommateur à l'acheter. Dès la fin du XIXe siècle, le sociologue et économiste Thorstein Veblen (1857-1929) avait identifié un biais dans le modèle de l'*homo œconomicus*.

<u>**BON À SAVOIR : *L'HOMO ŒCONOMICUS***</u>

La notion d'homme économique, du latin *homo œconomicus*, rend compte des comportements théoriques de l'humain. Sur base de cette représentation abstraite, les théoriciens des différents domaines pensent les interactions potentielles entre l'être humain ici figuré et les concepts qu'ils développent.

Certes, nous maximisons l'utilité de ce que nous achetons, mais l'imitation, voire le snobisme, ne sont pas absents de nos décisions. Cette analyse trouve un prolongement dans le concept de distinction élaboré par le sociologue français Pierre Bourdieu (1930-2002) : nos pratiques sociales, et donc aussi nos achats, répondent souvent à la volonté de se distinguer de nos semblables en imitant les pratiques des classes sociales supérieures à la nôtre. En achetant un produit (une voiture, un parfum, etc.), le consommateur peut également assouvir ce besoin de reconnaissance sociale.

Si cette tendance n'est pas nouvelle, elle prend une vigueur particulière à l'heure du développement des identités multiples et des attaches communautaires, appuyé sinon initié par les technologies de l'information et de la communication, et en particulier par les réseaux sociaux. Certaines marques jouent à merveille sur le sentiment d'appartenance lié au seul fait de posséder le produit. Pensons à *Apple* qui a créé une communauté d'utilisateurs dès les années quatre-vingt : d'abord microcosme de graphistes et de professionnels de l'image, cette communauté, dont bon nombre d'utilisateurs se clament membres, est agrandie de façon exponentielle grâce au marché de masse et à la commercialisation de produits phares (l'iPhone, l'iPad, etc.). *Facebook*, *Twitter* et l'ensemble des réseaux sociaux utilisent eux aussi cette stratégie et misent sur le sentiment d'appartenance qui est, cette fois, au cœur de leur modèle économique, avec l'avantage de la gratuité liée au financement publicitaire.

ÉTUDE DE CAS – L'INDUSTRIE AGROALIMENTAIRE

Pour finir, étudions plus en détail un secteur économique : l'industrie agroalimentaire. Ce secteur a particulièrement bien agencé les différentes stratégies pour pouvoir toucher l'ensemble des niveaux de la pyramide et développe des produits toujours plus innovants.

L'industrie agroalimentaire, une économie à cinq étages

L'aliment qui nourrit

Bien évidemment, l'industrie agroalimentaire répond à un besoin physiologique, celui de se nourrir. Il n'est pas utile de s'étendre sur cet aspect, si ce n'est pour souligner que l'utilité d'un secteur industriel resterait limitée s'il ne répondait qu'à ce strict besoin. Pour se développer, la chaîne de valeurs a donc envisagé de nombreuses autres finalités que la seule satisfaction de la faim.

L'aliment qui protège

L'industrie agroalimentaire s'est construite sur un argument de sécurité. De par les réglementations qui encadrent la fabrication des produits, elle est obligée de proposer des aliments bien plus certifiés que les anciennes productions artisanales (précisons toutefois que cet argument valait au moment de son développement, mais que les confections artisanales d'aujourd'hui sont elles aussi soumises à des normes d'hygiène sévères). Autrefois en effet, la conserverie maison a exposé bien des familles au risque de botulisme (intoxication alimentaire aux conséquences graves), danger absent des conserveries industrielles.

À ce premier niveau de sécurité s'en ajoute aujourd'hui un second, puisque les industriels ont investi le créneau des aliments-médicaments surnommés « alicaments ». La margarine anti-cholestérol, le lait enrichi qui assure la croissance de l'enfant, les céréales qui aident à digérer ou encore l'eau minérale qui renforce nos défenses immunitaires fleurissent dans nos supermarchés. Ces allégations de santé sont d'ailleurs de plus en plus strictement encadrées.

L'aliment social

L'alimentation, en France peut-être encore plus que partout ailleurs, est profondément inscrite dans la culture. Le repas constitue une source de convivialité, un moment de partage. L'offre industrielle a naturellement saisi cette opportunité afin de proposer des produits répondant au besoin d'appartenance et de lien social. Citons trois exemples qui peuvent relever de cette catégorie :

- les plats préparés « à l'ancienne », qui renouent avec une cuisine prétendument traditionnelle, inscrivant le consommateur dans l'identité culinaire de son pays ;
- les produits festifs et innovants pour l'apéritif ou le dessert, qui créent une certaine convivialité ;
- les grandes marques très segmentées, en particulier autour de l'enfance, qui traversent les générations et fonctionnent autant sur le goût de l'aliment que sur l'identité partagée entre tous ceux qui les consomment, créant une continuité entre les parents et les enfants (*Nutella*, *Haribo*, *Kinder*, *Banania*, etc.).

Le développement des rayons *hallal*, *casher* ou asiatiques dans les supermarchés répond aussi à cette dimension identitaire de l'alimentation, en aidant des populations immigrées à garder un lien avec leur culture d'origine via leurs achats de denrées alimentaires.

L'aliment porteur de valeurs

De façon sans doute plus récente, l'industrie agroalimentaire s'est emparée de la question des valeurs, comprises cette fois dans un sens non strictement économique. Après l'essor concomitant des grandes enseignes de distribution et de l'industrialisation de l'alimentation est venu le temps des interrogations. L'inquiétude autour des OGM, la crise de la vache folle dans les années quatre-vingt-dix succédant à celle du bœuf aux hormones, les campagnes successives autour de l'obésité ou de l'excès de sucre dans nos aliments ont conduit les consommateurs à demander davantage d'explications. La prise de conscience environnementale et la recherche de repères dans un monde globalisé ont renforcé cette attente.

C'est à ce besoin d'appartenance et de valeur que répondent les labels, appellations et autres chartes qui se sont propagés dans le secteur agroalimentaire. « Agriculture biologique », « commerce équitable » mais aussi « produits de nos régions » et autres circuits courts, les produits labélisés se multiplient sur les rayons. Ils apportent une information sur la qualité ou sur la provenance, avec à l'appui un référentiel portant sur les conditions de production. Les champs sont très vastes : rémunération des travailleurs locaux, non-utilisation de produits phytosanitaires, respect de traditions culinaires anciennes, etc. Chacun est libre de s'orienter vers le produit de son choix pourvu que la démarche du label corresponde à ses valeurs.

L'aliment qui épanouit

Enfin, l'alimentation – et donc l'industrie agroalimentaire – tient également compte du dernier étage de la pyramide, à savoir la réalisation de soi et l'accomplissement personnel.

Les produits très haut de gamme, grands crus de vin ou de café, chocolats fins ou thés rares, ravissent les amateurs bien au-delà de la seule satisfaction de l'assouvissement de la faim ou de la soif. Assurément, la gastronomie, si elle n'est pas un art, constitue un artisanat d'excellence qui répond chez le consommateur à un besoin d'accomplissement. Elle est certes incarnée par de grands pâtissiers ou chefs cuisiniers, mais trouve aussi un terrain d'expression dans l'industrie agroalimentaire.

Offrir au consommateur la simple possibilité de réaliser lui-même une partie de la recette peut également satisfaire le besoin d'accomplissement. C'est pourquoi l'industrie propose des kits pour réaliser crêpes ou gâteaux, et offre aussi de nombreuses prépara-tions qui facilitent la confection de plats « maison » tout en laissant au consommateur une part de la fabrication, et donc la possibilité d'exprimer sa créativité.

EN RÉSUMÉ

- La pyramide des besoins propose un modèle en cinq niveaux pour catégoriser les besoins de la personne humaine.
- Ce modèle dynamique se lit comme les cinq étapes successives nécessaires à l'épanouissement humain : satisfaction des besoins physiologiques, sentiment de sécurité, reconnaissance, estime de soi, accomplissement
- Théorisée par le psychologue américain Abraham Maslow, elle a été relativement peu utilisée en économie, car elle n'enseigne rien sur la formation concrète de la demande, c'est-à-dire le passage du besoin ressenti à l'intention d'achat.
- Si sa simplicité a pu être critiquée, elle fait néanmoins la force du modèle, très utilisé dans le domaine du marketing, car positionner un produit ou un service sur la pyramide, si possible en répondant à plusieurs niveaux de besoin, conduit à développer une stratégie pertinente.

POUR ALLER PLUS LOIN

SOURCES BIBLIOGRAPHIQUES

- COLLECTIF, *Invitation au management*, Paris, Presses universitaires de France, coll. « Premier cycle », 2001.
- JACQUEMIN (Alexis), TULKENS (Henry) et MERCIER (Paul), *Fondements d'économie politique*, 3ᵉ édition, Bruxelles, de Boeck Université, coll. « Prémisses, Ouvertures économiques », 2000.
- LAMBIN (Jean-Jacques), de MOERLOOSE (Chantal), *Marketing stratégique et opérationnel*, 8ᵉ édition, Paris, DUNOD, 2012.
- FENOUILLET (Fabien), « Modèle hiérarchique des besoins », in *La motivation, un concept puzzle*, consulté le 5 mai 2014. http://www.lesmotivations.net/spip.php?article40
- MASLOW (Abraham), *Devenir le meilleur de soi-même : besoins fondamentaux, motivations et personnalité*, Paris, Eyrolles, 2003.
- MIAS (Lucien), « Maslow, Henderson, soins », in *Papidoc*, consulté le 5 mai 2014. http://papidoc.chic-cm.fr/573MaslowBesoins.html

www.50minutes.com

Éditeur responsable : Lemaitre Publishing
Rue Lemaitre 6 | BE-5000 Namur
info@lemaitre-editions.com

ISBN ebook : 978-2-8062-5690-4
ISBN papier : 978-2-8062-5691-1
Dépôt légal : D/2014/12603/107
Photo de couverture : © andysuggett

Conception numérique : Primento